BENEDITO SÉRGIO VIEIRA DE MELO

Terço da Esperança

*Rezando com Jesus e Maria
para renovar a fé,
a confiança e o otimismo*

EDITORA
SANTUÁRIO

Direção Editorial: Pe. Fábio Evaristo Resende Silva, C.Ss.R.
Coordenação Editorial: Ana Lúcia de Castro Leite
Copidesque: Ana Lúcia de Castro Leite
Revisão: Cristina Nunes
Diagramação e Capa: Mauricio Pereira

ISBN 978-85-369-0404-7

1ª impressão: 2016

2ª impressão

Todos os direitos reservados à **EDITORA SANTUÁRIO** – 2018

Rua Pe. Claro Monteiro, 342 – 12570-000 – Aparecida-SP
Tel.: 12 3104-2000 – Televendas: 0800 - 16 00 04
www.editorasantuario.com.br
vendas@editorasantuario.com.br

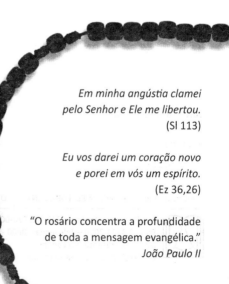

*Em minha angústia clamei
pelo Senhor e Ele me libertou.*
(Sl 113)

*Eu vos darei um coração novo
e porei em vós um espírito.*
(Ez 36,26)

"O rosário concentra a profundidade
de toda a mensagem evangélica."
João Paulo II

Introdução

*A esperança não decepciona porque o amor de Deus
foi derramado em nossos corações!*
(Rm 5,5)

A esperança é uma das três grandes virtudes cristãs! Cada um de nós deve esforçar-se para mantê-la viva no coração. Ela nos impulsiona e não permite que as dificuldades e provações possam nos abater. Nosso Deus é o Deus da esperança que nos cumula de fé, paz e alegria! Ele faz crescer esse dom à medida que nos mantemos unidos a Ele pela oração, escuta e meditação de sua palavra.

Na esperança, a fé encontra sua expressão maior! Ela se fundamenta na confiança total em Deus, que ama e cuida de cada um de seus filhos(as) que a Ele se abandonam (cf. Mc 6,25-34). A cada dia precisamos renová-la em nossos corações. A fé nos proporciona uma postura mais confiante e positiva diante da vida. Quem tem fé alimenta sua esperança e vive com mais intensidade e otimismo cada momento que a vida pode oferecer. Sabe aproveitar todas as oportunidades, positivas ou negativas, para aprimorar-se, crescer e ser melhor!

O estilo agitado da vida moderna que levamos nos provoca a cada momento, e muitos são os que encontramos tristes, abatidos e desanimados diante das dificuldades e provações de cada dia. Vivem uma rotina de muito trabalho, desafios, cobranças, competições, correria e estresse! Sentem o enfraquecimento da confiança interior e alimentam, muitas vezes, uma visão negativa e pessimista de si e da própria vida. Há uma sensação de medo e angústia tomando conta do espaço reservado para as motivações positivas em muitos corações.

O **Terço da Esperança** quer servir de apoio para ajudar a rezar, proporcionando a experiência do recolhimento e reflexão interior, e se baseia na repetição de versículos bíblicos, extraídos, sobretudo, do livro dos Salmos. São mensagens motivadoras, que poderão ajudar a potencializar a autoconfiança dos que estão cansados e abatidos, fortalecendo-os interiormente. Dessa forma, pretende colaborar para animar a fé, o otimismo e a esperança dos que se encontram desanimados e sem coragem, ajudando-os a cultivar o amor a Deus em seus corações e a se expressarem diante do Senhor.

Santo Afonso, mestre da oração, recorda-nos que "a oração nos fortalece e nos impulsiona para ir adiante" (Cartas, p. 103). Rezar sempre, sobretudo com Maria, é caminho muito eficaz para renovar nossa fé e esperança na construção de dias melhores, ensinava esse santo.

Rezemos com Maria, Mãe da esperança e perpétuo socorro dos discípulos(as) de Jesus. Ela é a mulher da fé e confiança na ação da graça de Deus, que transforma e faz novas todas as coisas (cf. Lc 1,46-53). Com Maria, peçamos a renovação interior para perseverarmos na vivência de nossa fé, confiando no poder do amor de Deus, que nos chamou à vida e espera que sejamos felizes e bem-sucedidos na condução e realização de nossos sonhos e projetos!

Nossa esperança reside na certeza de que o Senhor estará sempre a nosso lado para nos fortalecer diante das dificuldades que encontrarmos pela frente (cf. Sl 85). Ele nos ama, caminha conosco e cuida de nós! É dele que provém

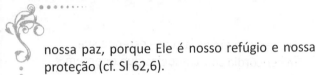

nossa paz, porque Ele é nosso refúgio e nossa proteção (cf. Sl 62,6).

Ao rezarmos o **Terço da Esperança** com Nossa Senhora Aparecida, possamos alcançar os efeitos da graça de Deus e nos renovar! Com fé, depositemos nas mãos de Jesus, pela intercessão de Maria, nossos pedidos e nossas intenções, confiantes em sua promessa: "Pedi e recebereis!" (Mt 7,7).

Sugestões e Esclarecimentos

1. Este subsídio pode ser usado de forma individual ou comunitária.

2. Com a recitação dos mistérios, ele traz algumas orações para os principais momentos do dia.

3. O Terço poderá ser recitado na forma tradicional ou repetindo-se os versículos selecionados para cada dezena dos mistérios.

4. A tradução dos salmos utilizada aqui é a da "Liturgia das Horas".

5. Por questão pastoral, alguns trechos de salmos foram resumidos em pequenas frases; outros versículos foram reorganizados apenas por questões de concordância linguística.

6. A elaboração das orações teve como fonte de inspiração a obra "Glórias de Maria", de Santo Afonso de Ligório.

1

Orações comuns do Terço

1. Creio

Creio em Deus Pai todo-poderoso, criador do Céu e da terra. E em Jesus Cristo seu único Filho, Nosso Senhor, que foi concebido pelo poder do Espírito Santo, nasceu da Virgem Maria, padeceu sob Pôncio Pilatos, foi crucificado, morto e sepultado; desceu à mansão dos mortos, ressuscitou ao terceiro dia, subiu aos céus, está sentado à direita de Deus Pai todo-poderoso, donde há de vir a julgar os vivos e os mortos. Creio no Espírito Santo, na Santa Igreja Católica, na Comunhão dos Santos, na remissão dos pecados, na ressurreição da carne e na vida eterna. Amém.

2. Pai-nosso

Pai nosso, que estais no céu, santificado seja o vosso nome. Venha a nós o vosso reino. Seja feita a vossa vontade, assim na terra como no céu. O pão nosso de cada dia nos dai hoje. Perdoai-nos as nossas ofensas, assim como nós perdoamos a quem nos tem ofendido. E não nos deixeis cair em tentação, mas livrai-nos do mal. Amém.

3. Ave-Maria

Ave, Maria, cheia de graça, o Senhor é convosco. Bendita sois vós entre as mulheres e bendito é o fruto de vosso ventre Jesus. Santa Maria, Mãe de Deus, rogai por nós pecadores, agora e na hora de nossa morte. Amém

4. Glória ao Pai

– Glória ao Pai, ao Filho e ao Espírito Santo.
R.: Como era no princípio, agora e sempre. Amém.

5. Salve-Rainha

Salve, Rainha, Mãe de misericórdia, vida, doçura e esperança nossa, salve. A vós bradamos, os degredados filhos de Eva. A vós suspiramos gemendo e chorando neste vale de lágrimas. Eia, pois, advogada nossa: esses vossos olhos misericordiosos, a nós volvei. E depois deste desterro, mostrai-nos Jesus, bendito fruto de vosso ventre. Ó clemente, ó piedosa, ó doce sempre Virgem Maria!

– Rogai por nós, Santa Mãe de Deus!

R.: Para que sejamos dignos das promessas de Cristo! Amém.

2

A Oração do Terço

OFERECIMENTO

Ó Jesus, meu redentor, eu te ofereço este terço que vou rezar, contemplando os grandes momentos que marcaram tua presença salvadora neste mundo. Eles recordam a grandeza de teu amor e teu exemplo de bondade, solidariedade e confiança no poder transformador da graça de Deus. Tua vida é a fonte de inspiração que me renova e santifica.

Liberta-me, Senhor, com o poder maravilhoso de tua Palavra, de tudo o que me preocupa, que me causa desânimo, tristeza, depressão, aflições, medos, angústias... Dá-me a graça de tua sabedoria para discernir o melhor caminho para orientar e conduzir minha vida! O calor de tua bondade me tranquilize e traga paz e alento para meu coração neste momento de recolhimento e oração. Maria, Senhora Aparecida, interceda por mim e me alcance a graça da renovação da vida. Assim seja!

(Instante de silêncio. Tranquilize-se! Não tenha pressa! Procure acalmar sua mente! Coloque diante do Senhor todos os seus pedidos!)

Orações iniciais

Segurando a cruz, reza-se:

– Em nome do Pai, do Filho e do Espírito Santo. Amém!
– Creio em Deus Pai...

Na conta grande:

Pai nosso...

Nas três contas pequenas:

1ª Pela perseverança na fé: *Ave, Maria...*

2ª Pela renovação da esperança: *Ave, Maria...*
3ª Pela vivência da caridade: *Ave, Maria...*

Jaculatória: **"Ó Maria, Mãe do Perpétuo Socorro, em Jesus e em vossa intercessão coloco toda a minha esperança".**

*Os mistérios de nossa
Esperança e Libertação*

1. Terço da Alegria
(segundas-feiras e sábados)

O mistério da encarnação de Jesus

Nos mistérios da alegria, contemplamos a vontade de Deus de vir ao encontro da humanidade para renovar a vida daqueles que nele confiam. Nos acontecimentos da encarnação, Deus revela que nos amou tanto, a ponto de enviar seu Filho, nascido de Maria, para ser a luz que ilumina este mundo. Com Maria, Mãe da esperança, alegremo-nos em Deus, nosso Criador, que quer a nossa salvação e felicidade!

1º Mistério: **Contemplamos a anunciação do Anjo Gabriel à Virgem Maria** (Lc 1,26-38)

Pai-nosso... 10 Ave-Marias.
Ou se repita:
"Fui criado para ser a imagem e semelhança de meu Deus" (Gn 1).

2º Mistério: **Contemplamos a visita da Virgem Maria a sua prima Isabel** (Lc 1,39-56)
Pai-nosso... 10 Ave-Marias.
Ou se repita:
"Senhor, vinde em meu auxílio e socorrei-me" (Sl 40).

3º Mistério: **Contemplamos o nascimento de Jesus em Belém** (Lc 2,1-21)
Pai-nosso... 10 Ave-Marias.
Ou se repita:
"Senhor, dai-me a vossa graça e salvação, porque em vós espero" (Sl 32).

4º Mistério: **Contemplamos a apresentação de Jesus no templo** (Lc 2,22-40)
Pai-nosso... 10 Ave-Marias.
Ou se repita:
"Senhor, vós sois o meu auxílio e proteção, eu nada temerei" (Sl 33).

5º Mistério: **Contemplamos a perda e o encontro do menino Jesus no templo** (Lc 2,41-52)

Pai-nosso... 10 Ave-Marias.
Ou se repita:
"Senhor, vós sois meu socorro, sustentai minha vida" (Sl 53).

– Ó Maria, Mãe do Redentor, vós sois minha esperança, em vós confio!

2. Terço da Luz
(quintas-feiras)

A vida pública de Jesus

Nos mistérios da luz, contemplamos a ação do amor de Deus em favor de seu povo. Jesus veio para ser a luz do mundo! Veio anunciar o Evangelho do Reino de Deus que transforma, anima, consola, ilumina e dá novo sentido para a existência humana. Com Maria, Mãe da esperança, alegremo-nos em Deus que nos deu Jesus: caminho, verdade e vida!

1º Mistério: **Contemplamos o batismo de Jesus no rio Jordão** (Mt 3,17)
Pai-nosso... 10 Ave-Marias.

Ou se repita:

"Senhor, para vós estendo minhas mãos, porque sois minha esperança" (Sl 142).

2º Mistério: **Contemplamos a revelação de Jesus nas bodas de Caná** (Jo 2,1-11)
Pai-nosso... 10 Ave-Marias.
Ou se repita:
"Senhor, realizai maravilhas em minha vida e conduzi-me em vossos caminhos" (Sl 76).

3º Mistério: **Contemplamos o anúncio do Reino de Deus e o convite à conversão** (Mc 1,15)
Pai-nosso... 10 Ave-Marias.
Ou se repita:
"Senhor, ensinai-me vossos caminhos e na vossa verdade andarei" (Sl 85).

4º Mistério: **Contemplamos a transfiguração de Jesus** (Mt 17,2)
Pai-nosso... 10 Ave-Marias.
Ou se repita:
"Senhor, que vossa bondade repouse sobre minha vida e me conduza" (Sl 89).

5º Mistério: **Contemplamos a instituição da Eucaristia** (Mt 26,26)

Pai-nosso... 10 Ave-Marias.

Ou se repita:

"Senhor, em vós se encontra toda graça e copiosa redenção" (Sl 129).

– Ó Maria, auxílio dos cristãos, vós sois minha esperança, em vós confio!

3. Terço da Dor
(terças e sextas-feiras)

Os sofrimentos de Jesus

Nos mistérios da dor, contemplamos a manifestação do amor de Deus pela humanidade. A passagem de Jesus pela experiência do sofrimento e da morte é a demonstração da grandeza, da bondade e da misericórdia do Pai por cada um de nós. Na paixão de Jesus, revela-se a solidariedade de Deus, que caminha com os que sofrem! Com Maria, Mãe da esperança, alegremo-nos em Deus que não desampara aqueles que nele confiam!

1º Mistério: **Contemplamos a agonia de Jesus no jardim das Oliveiras** (Mt 26,36-46)

Pai-nosso... 10 Ave-Marias.

Ou se repita:

"Por vosso imenso amor, derramai, Senhor, vossa bondade sobre minha vida" (Sl 99).

2º Mistério: **Contemplamos a flagelação de Jesus** (Mt 27,26-31)
Pai-nosso... 10 Ave-Marias.
Ou se repita:

"Por vosso imenso amor, Senhor, criai em mim um coração puro e dai-me um espírito decidido" (Sl 50).

3º Mistério: **Contemplamos a coroação de espinhos de Jesus** (Mt 27,29)
Pai-nosso... 10 Ave-Marias.
Ou se repita:

"Por vosso imenso amor, Senhor, renovai minha confiança, meu destino está em vossas mãos" (Sl 16).

4º Mistério: **Contemplamos Jesus carregando a cruz no caminho do Calvário** (Jo 19,17)
Pai-nosso... 10 Ave-Marias.

Ou se repita:

"Por vosso imenso amor, Senhor, fortalecei minha fé e serei firme como a rocha" (Sl 124).

5º Mistério: **Contemplamos a crucificação e morte de Jesus** (Jo 19,18)
Pai-nosso... 10 Ave-Marias.
Ou se repita:

"Por vosso imenso amor, Senhor, fazei-me sentir vossa graça porque sois minha esperança" (Sl 14).

– Ó Maria, consoladora dos aflitos, vós sois minha esperança, em vós confio!

4. Terço da Glória
(quartas-feiras e domingos)

O triunfo do poder da vida e do amor

Nos mistérios da glória contemplamos o triunfo do amor de Deus que vence as injustiças, o ódio e o mistério da morte pela ressurreição de seu Filho. Quem crê e vive unido a Jesus também não morrerá, mas viverá para sempre com ele! Com Maria, Mãe da esperança, alegremo-nos em Deus e sejamos perseverantes na fé, unidos em Cristo, para vencer as dificuldades e buscar uma vida de eterna comunhão com o Pai.

1º Mistério: **Contemplamos a ressurreição de Jesus** (Jo 20,1-18)

Pai-nosso... 10 Ave-Marias.

Ou se repita:

"Senhor, vós sois minha luz e salvação, iluminai meu caminho" (Sl 18).

2º Mistério: **Contemplamos a ascensão de Jesus ao céu** (Lc 24,50-53)

Pai-nosso... 10 Ave-Marias.

Ou se repita:

"Senhor, eu confio em vós, que vossa mão me sustente para sempre" (Sl 62).

3º Mistério: **Contemplamos a vinda do Espírito Santo sobre os discípulos de Jesus** (At 2,1-13)

Pai-nosso... 10 Ave-Marias.

Ou se repita:

"Senhor, que vosso Espírito bom me oriente segundo vossa vontade" (Sl 143).

4º Mistério: **Contemplamos a assunção de Maria ao céu** (Lc 1,47-49)

Pai-nosso... 10 Ave-Marias.

Ou se repita:

"Senhor, como Maria, faremos tudo o que nos disserdes" (Jo 2,5).

5º Mistério: **Contemplamos a coroação de Nossa Senhora no céu** (Ap 12,1)

Pai-nosso... 10 Ave-Marias.

Ou se repita:

"Maria, tu és bendita entre as mulheres, porque bendito é o fruto de teu ventre" (Lc 1,42).

– Ó Maria, Senhora das graças, vós sois a minha esperança, em vós confio!

Agradecimento

Ó Maria, Mãe de amor e ternura, vós sois a Filha predileta de Deus! Mãe da Esperança, quero louvar e agradecer a Deus pelos benefícios alcançados por vossa incomparável intercessão. Mãe da Igreja, minha soberana rainha, em vossas mãos entrego minha vida, porque sou vosso(a) filho(a) que confia em vossa maternal proteção! Ó Santa Mãe de meu Senhor, assim como fez o anjo Gabriel, saúdo-vos porque sois "a bendita entre todas as mulheres". Para bendizer e honrar vosso nome, ó Mãe do Perpétuo Socorro, com amor e confiança, nós vos saudamos: **Salve, Rainha...**

3

Ladainha de
Nossa senhora da esperança

Senhor, tende piedade de nós!
Cristo, tende piedade de nós!
Senhor, tende piedade de nós!

Santa Maria, cheia de graça,
– Rogai por nós!
Santa Maria, Serva do Senhor,
Santa Maria, Mãe de Deus,
Santa Maria, Mãe do Redentor,
Santa Maria, Mãe da Igreja,
Santa Maria, Mãe da esperança,
Santa Maria, Mãe da misericórdia,
Santa Maria, Mãe do perpétuo socorro,
Santa Maria, Mãe puríssima,
Santa Maria, Mãe santíssima,
Santa Maria, Mãe bendita,

Santa Maria, Mãe amável,
Santa Maria, Mãe fiel,
Santa Maria, Mãe admirável,
Santa Maria, Mãe de bondade,
Santa Maria, Mãe digna de louvor,
Santa Maria, Mãe das mães.

Saúde dos enfermos
Refúgio dos pecadores,
Consoladora dos aflitos,
Amparo dos que sofrem,
Sede da sabedoria,
Auxílio dos cristãos,
Mãe da Divina graça.

Mãe dos humilhados,
Mãe dos marginalizados,
Mãe dos martirizados,
Mãe dos abandonados,
Mãe dos desempregados,
Mãe dos esquecidos,
Mãe dos perseguidos,
Mãe dos desvalidos,
Senhora das dores.

Santa Maria, exemplo de humildade,
Santa Maria, solidária com os que sofrem,
Santa Maria, defensora da justiça,
Santa Maria, intercessora dos pobres,
Santa Maria, que exaltais a reconciliação e a paz,
Santa Maria, que exaltais a doação ao próximo,
Santa Maria, que nos ensinais a confiar na providência de Deus,
Santa Maria, razão de nossa esperança.

Ó Maria, mãe, mestra, intercessora e guia da Igreja de Jesus,
– Orientai nossa vida!

Cordeiro de Deus, que tirais o pecado do mundo,
– Perdoai-nos, Senhor!
Cordeiro de Deus, que tirais o pecado do mundo,
– Ouvi-nos, Senhor!
Cordeiro de Deus, que tirais o pecado do mundo,
– Tende piedade de nós!

Rogai por nós, Santa Mãe de Deus,
– Para que sejamos dignos das promessas de Cristo. Amém!

4
Orações e Bênçãos

1. Oração da manhã

– Em nome do Pai, do Filho e do Espírito Santo. Amém.

Senhor meu Deus, nesta manhã, ofereço-vos este novo dia que começa! Quero consagrar-vos tudo que tenho pela frente. Agradeço-vos o dom da vida e aquilo que sou e conquistei ao longo do tempo! Coloco em vossas mãos esta nova jornada, para que seja abençoada por vós, que por amor me criastes à vossa imagem e semelhança!

Senhor, vosso poder me acompanhe por onde quer que eu vá e este dia seja mais uma oportunidade de crescimento e êxito em minha vida. Abençoai minha família, as pessoas queridas que guardo no coração, aquelas com as quais vou conviver. Abençoai meu trabalho, estudo, lazer e todas as demais atividades que virão ao longo deste dia.

Vossa graça me acompanhe em tudo que vou realizar! Que ela esteja sempre perto de mim para me defender; em meu coração para me conservar, em minha mente para me instruir; ao meu redor para me proteger; à minha frente para me guiar e me guarde de todo mal. Que ela faça de mim instrumento de vossa paz, e que eu, por atos e pensamento, procure viver o mandamento do amor!

Dai-me, Senhor, sabedoria para aceitar aquilo que talvez não possa mudar ou que não dependa da minha vontade e de minhas decisões para acontecer. Olhai com bondade e misericórdia para as pessoas que pediram minhas orações e também precisam de vosso auxílio! Que vosso Espírito de santidade faça-me ser bom, fortaleça-me e conduza todos os meus passos. Assim seja!

Pai nosso... Ave, Maria...

2. Bênção para o dia *(Sl 89,17 – adapt.)*

"Que a bondade do Senhor, nosso Deus,
desça sobre a minha vida e me conduza ao longo deste dia.
Torne fecundo o meu trabalho,
e faça dar frutos o labor de minhas mãos."
Amém.

3. Antífonas para cada dia da semana *(ver-sículos para serem repetidos)*

a) "Senhor, sois vós o meu Deus, em vós confio, cuidai do meu destino!" (Sl 36).

b) "Abençoai-me, Senhor, com vosso amor e protegei-me" (Sl 5).

c) "Indicai-me o caminho para que eu ande segundo vossa verdade" (Sl 85).

d) "Senhor, dai-me vossa salvação e tam-bém prosperidade" (Sl 117).

e) "Vossa luz e verdade guiarão meus pas-sos" (Sl 42).

f) "Viverei a Lei do Senhor e serei bem-suce-dido em minhas ações e projetos" (Tb 4).

g) "Alegro-me no Senhor, porque foi Ele que me criou" (Sl 149).

4. Oração durante o dia

Eu vos louvo, meu Deus, pelo dom da vida e pela graça de poder viver mais este dia! Eu vos agradeço porque me criastes como vosso(a) filho(a) para desfrutar da beleza de toda criação. Sim, eu me maravilho com vossas obras, Deus de amor e bondade! Que elas também glorifiquem e bendigam vosso santo nome. A vós o poder, a honra e a glória para sempre! Que vossa graça continue a me acompanhar, porque em vós coloquei minha esperança. Para mim fostes sempre um socorro, sois vós minha proteção! Senhor, fica comigo neste dia, para que vossa luz oriente meu caminho! Que Maria, Mãe do Perpétuo Socorro, acompanhe-me, conduza-me e me guarde! Amém!

5. Oração da noite

– Em nome do Pai, do Filho e do Espírito Santo. Amém.

Senhor meu Deus, obrigado por mais este dia! Graças a vossa bondade cheguei a seu final. Aqui estou para vos louvar e agradecer tudo que hoje consegui realizar. Tantas coisas boas aconteceram em favor de meu crescimento. Outras não saíram melhor! Houve momentos de desânimo, cansaço, aborrecimento, críticas, mágoas, cobranças exageradas, competição, inveja... Porém, diante das coisas negativas, não perdi a fé nem a esperança de que amanhã tudo possa ser melhor. Peço-vos perdão por meus erros, fraquezas, dúvidas, injustiças, e pelo bem que deixei de fazer. *(Breve instante de silêncio.)*

A vós, meu Pai, entrego o que houve de positivo e negativo! Que vossa providência encaminhe e dirija todas as coisas em vista de minha salvação, realização, êxito, sucesso, justiça, alegria, paz, amor e prosperidade. Abençoai, Senhor, esta noite, para que seja momento de restauração de minhas forças. Quero adormecer em vossa presença. Vossa paz envolva minha alma que confia em vós. Vosso poder tudo haverá de prover para minha realização e felicidade. Afastai de mim as tentações, a depressão, os pensamentos negativos, mágoas, medos e tudo aquilo que possa atrapalhar meu descanso.

Em vós me abandono, Senhor, e renovo minha esperança, enquanto adormeço em vossa graça. Restaurai-me, Senhor, para que eu viva segundo vossa palavra, na certeza de que convosco tudo poderei vencer. Vós sois minha fortaleza, pastor que me conduz, meu escudo e proteção, luz que me orienta e guia com segurança! Dai-me, Senhor, vossa paz, porque sempre agistes em tudo que realizei nesta vida. Aumentai minha fé!

Maria, Mãe da Esperança, acolhei-me nesta noite e invocai copiosas bênçãos sobre mim, para que amanhã eu possa ser melhor. Assim seja!

Pai nosso... Ave, Maria...

6. Antífonas para serem repetidas ao se deitar
(A cada dia escolhe-se uma)

a) "Apenas me deito e logo adormeço em paz, o Senhor é quem me sustenta" (Sl 3).

b) "Senhor, em vós confio, porque sempre agistes em tudo que fizemos" (Is 26).

c) "Quem obedece a Deus, com Ele será grande em tudo" (Jt 16).

d) "Acolhei-me, Senhor, em vossos braços" (Is 40).

e) "Dai-me, Senhor, vossa paz, o alívio e o descanso" (Mt 6).

f) "Minha alma se agarra em vós, com poder vossa mão me sustenta" (Sl 62).

g) "Não vos preocupeis com o amanhã, porque Deus cuida de vós" (Mt 6).

h) "Tudo posso naquele que me fortalece" (Fl 4,13).

7. Oração a Nossa Senhora

Ó Maria, Mãe do bom Jesus, Senhora Aparecida, Mãe do Perpétuo Socorro, Mãe da Divina graça!

Mãe da esperança, vós sois o amparo dos que em vós confiam e suplicam vossa poderosa intercessão. Olhai para mim, neste momento! Vede, ó Mãe bondosa, minhas dificuldades, necessidades, inseguranças; temores e problemas que me afligem. Mãe querida, tudo entrego em vossas mãos. Intercedei por mim junto a vosso bondoso Filho, para que liberto de todos os meus temores, eu possa olhar a vida com mais otimismo! Quero recuperar a força interior necessária para viver com mais alegria e buscar a superação dos problemas, em vez de ficar me queixando deles. Alcançai-me a graça para crescer na fé, na esperança, na caridade e no discernimento. Dai-me sabedoria para conduzir a vida, confiando no poder da Palavra de Deus, que tudo transforma e restaura! Intercedei por mim, ó minha Senhora, para que meu coração seja transformado numa fonte de fé, alegria e esperança! Que minha vida reflita a glória de Deus e seja sinal de bênção para os irmãos que eu encontrar pelo caminho. Assim seja!

8. Magnificat *(Lc 1,46-55)*

Minha alma engrandece o Senhor
e meu espírito se alegra em Deus, meu Salvador,
porque Ele olhou para sua humilde serva;
pois daqui em diante todas as gerações proclamarão que sou feliz!
Porque o Todo-Poderoso fez por mim grandes coisas e santo é seu nome.

De geração em geração se estende sua
misericórdia sobre aqueles que o temem.
Demonstrou o poder de seu braço
e dispersou os que pensam com soberba.
Derrubou os poderosos de seus tronos
e elevou os humildes.
Enriqueceu de bens os famintos
e despediu os ricos de mãos vazias.
Socorreu seu servo Israel,
lembrando-se de sua misericórdia,
como havia prometido a nossos pais,
a Abraão e a seus filhos para sempre".

(Versão: *Bíblia Sagrada de Aparecida*)

9. Consagração a Nossa Senhora

Ó Maria Santíssima, Virgem imaculada e
bendita, vós sois a Mãe da Divina graça. Sois minha esperança e proteção. Vós, melhor do que
eu, conheceis minhas necessidades. Tudo entrego a vós! Intercedei por mim diante de vosso
amado Filho, meu redentor. Ó Senhora minha, a
vós eu me apresento e me ofereço todo a vós.
Sob vossos cuidados deposito minha vida.

Seguindo vosso exemplo, quero consagrar minha vida ao amor de Deus! Quero ouvir e viver a palavra de Senhor, confiando sempre no poder de sua providência! Vós sois a Mãe da Igreja, modelo de vida consagrada ao Pai, minha eterna companhia! Consagro-vos, ó minha Rainha, minha mente para que sempre pense no amor que mereceis; minha língua para louvar-vos; meu coração para vos amar. Com vossa poderosa intercessão, ajudai-me, ó Mãe de misericórdia, em minha fraqueza. Suplicai ao vosso filho Jesus, por minha perseverança e fortaleza na fé, que eu vos seja fiel até a morte, a fim de que vos servindo sempre nesta vida, possa depois ir louvar-vos eternamente no céu. Assim seja!

(Adaptação – S. Afonso, em *Glórias de Maria*, p. 283 e 310)

Mensagem

Procure viver bem o dia de hoje, pois é a única oportunidade que temos pela frente. O passado ficou para trás e o futuro ainda não existe. Afaste o ódio de seu coração, seja mais compreensivo, livre-se de qualquer forma de rancor ou mágoa! Saiba perdoar os que o ofenderam! Não se compare com ninguém, mas seja sempre agradecido com o que você já conquistou. Liberte sua mente da ansiedade. Tenha fé em Deus e acredite em sua capacidade! Realize com responsabilidade tudo que lhe foi confiado. Deixe a vida o conduzir e procure desfrutar o momento presente. Confie em Deus, Ele sempre estará ao seu lado. Procure viver bem cada dia, com amor. Agradeça e louve o Senhor em todas as circunstâncias. Seja prudente e planeje sua vida. Viva um dia de cada vez e procure ser feliz! Há um Deus que muito nos ama e quer a nossa realização e uma "Mãe" que é nossa intercessora! Acredite em Deus, confie em você e nunca perca a esperança! Quem confia em Deus cultiva a alegria em seu coração, e a alegria afasta a tristeza e gera saúde e bem-estar (cf. Eclo 30,21-25)!

Índice

Introdução 5
Sugestões e Esclarecimentos 9
1. Orações Comuns do Terço 11
2. A Oração do Terço 15
Oferecimento do Terço 15
Os Mistérios de Nossa Esperança
   e Libertação 19
   1. Terço da Alegria 19
   2. Terço da Luz 21
   3. Terço da Dor 23
   4. Terço da Glória 25
Agradecimento 28
3. Ladainha de
   Nossa Senhora da Esperança 29
4. Orações e Bênçãos 33
   1. Oração da manhã 33
   2. Bênção para o dia 35
   3. Antífonas para cada dia da semana 35
   4. Oração durante o dia 36
   5. Oração da noite 36
   6. Antífonas para serem repetidas
   ao se deitar 38
   7. Oração a Nossa Senhora 39

8. Magnificat 40
9. Consagração
a Nossa Senhora 41
Mensagem 43

FSC
www.fsc.org
MISTO
Papel produzido
a partir de
fontes responsáveis
FSC® C132240

A marca FSC® é a garantia de que a madeira utilizada na fabricação do papel deste livro provém de florestas que foram gerenciadas de maneira ambientalmente correta, socialmente justa e economicamente viável.

Este livro foi composto com as famílias tipográficas Calibri e Grafolita e impresso em papel Offset 75g/m² pela **Gráfica Santuário.**